스치면 인연이요

스며들면 사랑이라…

| 이경환 시집 |

스치면 인연이요
스며들면 사랑이라...

도서출판 천우

● 시인의 말

인연이란 무얼까?

되돌아보니 살아온 세월이 모두 인연으로 엮이어 있다.

만날 인연은 반드시 만나고 떠나갈 인연은 언젠가 떠난다는데 뜬금없이 내 이름을 단 시집이란 인연이 찾아왔다.

퇴임 후 '자연인'을 꿈꾸며 매혹적인 소리에 반해 '팬플룻'을 가슴에 품고 틈틈이 대체의학에도 기웃거렸다.

글을 조금 쓴다는 게 어쩌다 시인이 되었으나 내 꿈은 '혹시나'에서 '역시나'로 돌아왔다.

"인간을 펼치면 자연이요 자연을 접으면 인간"이란 말처럼 자연의 한 구성원으로 살아간다면 의미 있는 삶이 아닐까?

간혹 산책길에서 만난 야생화와도 대화를 나누고 그 느낌을 시로 표현하면서 우리네 인간도 자연의 큰 품속에서 살아가는 하나라는 사실을 깊이 절감한다.

시를 쓰는 것은 시인의 자기만족일 수도 있지만 접하는 분들에게 약간의 감응을 줄 수 있다면 매우 감사한 일이기도 하다.

첫 시집을 계기로 늘 즐기는 삶이 되기를, 그리고 그 삶의 끝자락까지 이런저런 인연이 함께하기를 소망해 본다.

오늘이 있기까지 42년이란 긴 시간을 옆지기로 굳건히 지켜준 사랑하는 아내와 익어가는 삶을 선물해 주는 두 딸과 사위 그리고 외손녀에게도 감사의 말을 전한다.

평생을 자식들 걱정으로 살아오신 어머님의 구순 생신 선물로 이 시집을 바치며, 늘 건강이 함께 하시길 소망해 본다.

이 시집이 나오기까지 많은 정성을 담아 주신 월간 『문학세계』 김천우 발행인님과 윤제철 주간님, 편집부 관계자분들께도 깊은 감사의 마음을 전한다.

2026년 2월 '새봄을 기다리며'

자운 이경환

제1부

고향 그리고 가족!

제2부

내 품 속 보물들!

제3부

우야모 좋노!

제4부

자연, 그 아름다움이여!

제1부

고향 그리고 가족!

‘고향’ 그 그리움이여

오랜만에 찾은 고향
기억 저편 추억과는 사뭇 다른 느낌이나
뒷산 봉화대와
거북선이 주름잡던 앞바다는 그대로구나

수척해진 노모(老母) 얼굴
가슴이 미어지고
큰 애 왔다 흥분 모습 더 아프게 다가오네

어버이날 핑계 삼아 찾아온 고향
8시간 나그네 길 삭신이 쑤시지만
‘고향’의 큰 향기는 푸근히 안아준다

황혼 지는 카페에서
지나온 삶 반추하니
B(Birth)와 D(Death)의 중간인 C(Choice)가 핵심이구나

앞으로의 삶에서는
어떤 선택을 할 것인가

犬公 할배

사위 놈 미국 주재원 회사 일로 출발 준비
3대가 정신없이 비비 꼬며 보낸 시간

떠나는 날 '잘 가거라'
손 흔들고 돌아서니
눈만 멀뚱 홀로 남은 반려견이 쳐다본다

'할아버지 구름이* 부탁드려요'
차창 안 손녀 지시사항 이행하려니
선잠 속에 아침 산책 목욕 뒷바라지…

'인연 따라 가는 인생'
철학처럼 말했건만
늘그막에 자식 하나 생겼구나

졸지에 고아 되어 풀 죽은 눈 멍뚱 멍뚱
내 인생에 견공(犬公) 할배 웬 말인고
애처로운 눈빛 홀려 다시 한번 안아보네

*구름이 : 반려견 이름.

황제 식사

선잠 깨어 찾아든 이른 새벽 어시장
장어 고등어 낙지들이
서로 잘났다며 손짓하나
무심하게 지나가는 사람들

눈 돌리다 마주친
전봇대 위 갈매기 한 놈
먼바다 동경하다 황제 식사 꿈꾸며
얼핏 얼핏 경매장에 눈길 준다

입항하는 어선 뒤편
허기 때우러 달려가는 친구들에게
'멍청한 녀석들' 하며
끝까지 자리를 지키더니

맙소사
오늘은 경매가 없는 날
잔머리 굴리다 거지 밥상 찾아든다

사랑 만두

가족과 별 다방 노닐다
'뭘 먹을까' 찾은 수타 자장면
입꼬리 올라가는 자장면 가격 6천 원
주방 안쪽 부부 빙그레 웃음 던지는 모습

손에는 밀가루 반죽
밀고 당기고 치대는 와중
만두 몇 개 품에 안고
지금 기회 놓치면 오늘 점심 하늘나라
남편 입에 정조준한다

애정 듬뿍 미소 넘치고
오랜 기다림 끝 스트라이크
춘장에 사랑 버무리니
어릴 적 졸업식 날 추억 달려온다

주인장 혼 담긴 쫄깃한 면발 속
자장면 덥석 한입
인생 참맛 스멀스멀 스며든다

삶! 그 허허로움

고향 채취 그리워
동네방네 헤매다 마주친 거목 하나
푸른 청춘 부귀영화 내려놓고
철판에 기댄 채 쉬고 있다

텅 빈 나무속
머리 숙여 둘러보니
품에 안기는
말라 뒤틀어진 나무 자국

위세 등등 가지에 매달려 놀던
어릴 적 친구 불러오고
나무 아래 숨어 마시던 진로 포도주
알싸한 맛 감아 돈다

켜켜이 쌓여있는
인생살이 흔적들
500년의 역사가 회오리치며 일어난다

세대 차(世代 差)

푸짐한 음식 앞에 놓고 회포를 푼
고향 맛집 중국 음식점

커다란 쟁반자장면 드시던
옆 테이블 할머니들
먹다 남은 음식물
비닐봉지에 담는 순간

어릴 적 우리 할머니
이웃 잔칫집 갈 때마다
손주들 먹이고자
손수건에 꼭꼭 싸 오던 음식들

가슴 한켠 할머니 사랑
슬그머니 올라온다

이런 절약과 사랑으로
오늘의 대한민국 키웠건만
젊은이들 수군거림 속
당연함과 민망함이 동시다발 달려오네

가슴으로 낳아 지갑으로 키웠노라

젊은 여성 품에 안긴 반려견 볼 때면
'복도 많은 놈' 했건만

사람 간에 부족한 정
반려동물 대체 사랑 넘쳐나고
어느 날 강아지 할아비 되었구나

'가슴으로 낳아 지갑으로 키웠노라'
맞는 듯 아닌 듯 다가오는
반려동물 키움 논리

강아지가 주인인 양
유모차 타고 활보하는 희한한 세상
천만 반려동물 축복인가 재앙인가

왜 이러지

아들만 4명 낳고 큰소리치시던 어머니
딸이 없어 한숨 쉬시고

바뀐 세상 알지 못하는 남자들
좋았던 시절 회상하며
막걸리 한 사발 핑계 대네

왜 이러지 고민 끝에 찾은 해답
'감성 경제' 등장
'손발 두뇌 경제' 사라지고
감성지능 중무장한 여성들 판이로세

'라떼는~' 발악하니 돌아온 답 '꼰대'요
돌고 도는 인생사 언젠가 좋은 날 오리니
'자연인' 꿈꾸며 유유자적 살아가세

똘마니

입만 열면 국민 위한다는 똘마니들 천지 정치판
뜬금없이 찾아온 강아지 한 놈
내 똘마니 되었구나

명상 악기 연습 시간이면
24시간 밀착 경호
장소 선점 기다리고
화장실에 들어가면 완벽한 입구 통제

늘그막에 만난 친구
유유상종하고픈 맘에
쌍 눈 켜고 대화하건만
설익은 눈빛 부담
슬그머니 고개 돌리네

인연! 그 허허로움

이리저리 품에 안고
좌충우돌 시간 속에

지난해 인연 따라 찾아온 강아지 한 놈
내 똘마니 되었다고 확신했건만
오랜만에 만난 옛 주인에게
정신없이 달려든다

안 가겠지 하는 기대를 단 한 번에 허물고
'설마가 사람 잡는다'더니
눈길 한번 주지 않네

섭섭함이 시원함을 앞지르고
세상을 다 얻은 듯 사위 품에 안긴 놈을 보니
인연의 허허로움
아리게 다가온다

미소

우리 집 반려견
하루에도 수십 번
웃음 선물 꼬리로 배달하건만

굳어있는 내 모습 보니
강아지보다 못하네

온화한 미소에서
평온한 자신감은 오고
고요한 호흡과
또렷한 의식으로 연결된다

미소는 내 인생
선택은 내가 하건만
이 또한 쉽지 않네

두레박의 꿈

지붕이 햇살 받아 빛나는 마을
20여 가구 초양섬*
추억 더듬어 골목길 접어드니
미소 머금고 인사하는
세월 품은 두레박

한때는 마을주민 만남의 장소요
건강지킴이였던 인생

오가는 주인 따라 물속 잠수 수천 번에
이고 지고 가는 걸음 희망이 함께하고
목마른 초목도 한입 하라며
출렁출렁 흘리며 갔다네

어쩌다 아끼고 절약하던 마음자리 비운 사이
흥청망청 제 잘난 마음 주인인 양 대신하고

물 한 사발의 고귀함 전하고픈 꿈 지닌 채
우물 친구 곁을 지키며
세상을 관조하고 있다

*초양섬 : 경남 사천시에 소속된 작은 섬.

또 다른 창조

예상치 못한 가족의 골절상
기도하는 마음으로
수술실 앞에 앉아 있다

수술실까지 짧은 이동 시간
생과 사를 넘나들며 눈 감은 환자 모습
무표정한 얼굴로 쉼 없이 드나드는 의사 간호사

수술 중 회복 중 표시 뜰 때면
눈빛 흔들리는 보호자들

끝나고 나오는 모습엔
희망의 나래를 펼치거나
수심(愁心)이 잔뜩 내려앉기도 한다

오늘도 수술실은
또 다른 창조를 꿈꾸며
환자의 살아온 역사 속에
새로운 미래를 접붙이고 있다

마수*

새벽을 열어가는 고향 어시장
억센 사투리 풍파처럼
고요하던 귓가에 달려든다

90 모친 드신다는 말에
도다리 한 마리
덤이 되어 하늘 가고

'마시'는 '마수'인데
'마시'라며 받은 돈 침 뱉고 머리에 문지르네

알 수 없는 저 성스러운 행위
기억 저편 할머니 모습 정겹게 떠오르고

고향 바다 윤슬처럼
오가는 마수걸이 만남 보며
행복의 나래 반짝이길 염원해 본다

*마수 : 장사꾼이 처음 물건을 파는 것에 따라 판단하는 그날의 장사 운.

책 읽는 손

어릴 적 추억 넘실거리는 고향 어시장
도다리쑥국 한 그릇에
온몸을 적시는 봄의 향기

재미있어 볼까
장사가 안되어 볼까

이런저런 바다 친구들 손짓 속에
홀로 책 읽는 투박하고 거친 손
어시장 군상 중에 백미로 다가온다

삶에 지친 육신의 정화수이든
새로운 삶의 배양수이든
보는 이의 가슴 따듯하게 하네

고향 바다

이른 새벽
칼바람 뚫고 찾은 고향 바다

자주 찾지 않음을 혼내는 듯
크고 작은 파도로 맞이한다

주연인 백파(白波) 춤사위 허공을 가르니
갈바람 랩이 더해지며
바라보는 마음 흥분되고

커피 한잔 친구 삼아
바다 쇼 구경 와중

기억 저편
진한 사투리에
깜짝 놀라 주위를 두리번거리네

사투리

고향 방문 때면
간혹 찾는 바닷가 카페

커피 한잔 속에
심신이 녹아들고

아줌마들 억센 사투리
고막을 치는구나

어릴 적 즐겨 쓰던 고향의 맛이건만
세상을 주유하다 늘그막에 마주치니
생경한 맛으로 달려들고

눈망울은 바다 풍경
귀 방울은 사투리 속에
삐죽거리며 슬그머니 일어선다

새벽의 향기

이리 뒤척 저리 뒤척
고향 방문 선잠 속에
여명이 살포시 흔드니
비몽사몽 눈을 뜬다

무거운 몸 흔들고 깨워
어시장 찾아드니
바다 친구들 신난다며 춤을 추고

왁자지껄 삶의 현장
에너지가 넘쳐난다

비릿한 생선 내음
허기진 배 진동하고

장어탕 한 그릇에
세상 고민 말아먹으니
새벽의 잔향만이 코끝을 간질거리네

이 또한 지나가리니

구순 모친의 폐렴 입원과
가족의 골절상

뜻밖의 환경변화에
알량한 효도라도
남만큼은 하고픈데

마음 한켠 흔들리고
이 또한 쉽지 않네

고향과 서울을 오가는 시간
아려오는 육신 속에
동면하던 더러운 성질 깨어났나 보다
불면증마저 달려온 걸 보니

엇비슷한 세상사
가만히 내 마음 내려다보며 웃는다
이 또한 지나가리니

'초원다방' 추억

한량이 꿈이었던 아버지
최고의 춤 솜씨로
현란한 삶 즐기시다
뜬금없이 다방이라

기억 저편 전답 팔아
놀이터 삼았던 '초원다방'

계란 노른자 새벽부터
쌍화탕에 동동 띄우고
두런두런 친구들과 노시더니

어느 순간 빈털터리
멋쩍게 웃으시며 나오시던 곳

하굣길에 달려가면
배시시 웃음 짓던 다방 누나는
어디서 무얼 하고 있을까

나도 오늘
커피의 달콤함에 온몸을 적신다

날아온 행복

스마트 워치 진동 핑계
마지막임을 다짐했던 지난해 40주년 무색하게
아침 일찍 달려온 결혼기념일
비몽사몽 가슴한켠 불편하다

세월은 흐르는 물인 양
기억 속의 단발머리 소녀는
언뜻언뜻 하얀 머리숱으로 미소 짓고
감사함과 미안함이 주마등처럼 달려온다

연분홍 단장 마친 호접란을
슬며시 꽃집에 들러
살포시 안아 드니

불편했던 내 마음도
'행복이 날아온다'는 꽃말처럼
가만히 웃음 짓네

기다리는 마음

일상을 마무리하는
짧은 기도 시간
눈치 보던 우리 집 반려견
슬그머니 동참하고

수고로움의 결실인가
화답하듯 다가온 양치 껌 하나
덥석 입에 물고 꼬리 흔드네

입가엔 만개한 미소 대롱거리고
입안 가득 바스러지는 소리

전염된 듯 내 마음에도
미소가 슬며시 흘러넘친다

임플란트

죽어라 참아내다 달려간 치과
온몸 힘만 잔뜩 준 채
인조인간 졸지에 되어가는 모습

콘크리트 잇몸을 갑자기 만들더니
얼씨구나
드릴로 구멍 뚫고 야단이네
신의 선물인가 인간이 만든 상술인가

얼얼한 아픔 즐기며
창조를 준비하고
한 시간여 잡혀 놀던 내 입안은
냉찜질 친구 삼아
산해진미 꿈꾸는 바보가 되어간다

손수레

달린 두 발 열심히 움직이며
여기저기 눈에 띄는 손수레
종횡무진 쏘다니는 할머니들 친구

손가락 몇 번 클릭에
달려오는 배달 문화의 급습에도
최첨단 장비인 양 꿋꿋하게 버틴다

야채 과일 잔뜩 안은 채
오늘도 할머니 손잡고
거리를 활보 중에

택배요!
우리 집에도 손수레 친구가 놀러 왔다

삶이란

가을꽃 마냥
사색의 향으로 물들어 가는 나무들
다양한 색깔로
푸른 옷을 벗어 천천히 갈아입는다

걷고 뛰고 달려온 우리네 인생도
단풍보다 한층 더 아름답게
자신만의 색으로
갈무리하며 다가온다

인생은
세상과 어깨동무하며
'시절인연(時節因緣)'* 따라가는 길
짙게 물드는 삶을 꿈꾸어 본다

* 시절인연(時節因緣) : 때가 무르익고 인연이 닿으면 이루어진다.

제2부

내 품 속 보물들!

이런 사람

가슴 가득 샘물이 흘러넘쳐
누군가 퍼가도 마르지 않는
깊은 강물처럼 참 맑은 사람

못된 눈바람 만나 알몸이 되어도
하늘 끝 가지부터 땅속뿌리 끝으로
늘 새 생명을 잉태하는
겨울나무 같은 사람

노을도 산 위에서 하루를 마무리할 때
무거운 허리 펴며 구름도 쉬어가고
가지 끝으로 노래하는 나무들 품에 안고
가만히 응원하는 태산 같은 사람

진한 인연 스쳐 간 수많은 삶의 자락 속에
늘 달빛 머금고 빙그레 웃고 있는
이런 사람이 되고프다

팬플룻

자연의 아름다움을 노래하던 나무들이
곡선의 자태를 곱게 품은 명기가 되었구나

천상의 소리를 전하고파 태어났나
신화 속 '자연의 신'이 루마니아 역사를 거쳐
백제의 달항아리로 분신

음악이 흐르는
미지의 세계를 꿈꾸며 살고 있네

간혹 나와의 긴 입맞춤
온몸 떨며 흘러나오는 당신의 울림은
치유의 숨결인 양 아픈 가슴 어루만진다

누군가는 마법의 소리에 홀려 사랑에 빠지고
때론 추억의 향기 속에 가슴앓이하곤 하지만
언젠가부터 내 품 한쪽에 오롯이 앉아
상상의 나래를 꿈꾸게 해 준 당신

한 해를 떠나보내는 시간의 아쉬움 속
당신과 함께 익어가는 삶을 확신하기에
새로운 세상을 '희망의 창'으로 영접하려 하네

내려놓아라

역사의 자락으로 사라진
이런저런 흔적들
한 점 두 점 꺼내 보니
삶의 방편 오랜 시간이었네

때론 오욕칠정(五慾七情)*으로
마음 갈등도 많았건만
자식들이 존경한다니

늘 꿈꾸며 살아온 일상
그런대로 열심히 살았다

수많은 고민 속 결정인데도
초겨울 세찬 바람 구르는 소리에
마음 한편 일렁거리는 시간

고향 떠난 지 45년
오래 했다 내려놓아라
또 다른 조각배 띄워 흘러가 보자

*오욕칠정(五慾七情) : 사람의 다섯 가지 욕망과 일곱 가지 감정.

오늘 짐만 지거라

어깨짐 지고 가는 세상사
알 수 없는 미래의 짐까지 둘러메고
허덕이고 있구나

지나온 자락들은 역사의 흔적
힘든 하루 고이 접고

새 아침 다가오면
오늘 짐만 지고 가자
내일은 알 수 없으니

감사와 행복 속에
새롭게 시작하자

비수면 내시경

한 달 내내 지속되는 복부 통증 참아내다
맛있는 삼겹살 한 점 넘기듯
길고 검은 호스 꿀꺽 삼키니
기억 저편 눈물방울 일순간 달려든다

흐리멍텅한 눈망울
씻고 닦고 확장시켜
목구멍부터 위장 속까지
이곳저곳 구경해 보니

내 몸 구석구석
해금강 금강산이 자리 잡고 앉아 있다

자연을 모으면 인간이요
인간을 펼치면 자연이니
오운육기* 5대양 6대주가 오장육부로 연결되어
내 안에서 춤추고 있네

식구들 시퍼런 눈총에
꼬리 내려 찾은 병원
복부 초음파 위내시경 할 수 있는 것 다 한다

*오운육기 : 동양철학의 근본 중 하나로 천지만물의 변화생성 원리.

어른

먼저 살았다고 나서지 말고
절제하며 겸손하라

채움과 비움 사이
아이와 어른의 경계이니
채우려 노력 말라

독과 약의 경계 중용이요
'얼'이 큰 사람이 어른이다

불면의 밤

바보상자 친구 하다
잠자리 들면
이런저런 잡생각
끝없이 올라오고

이리저리 뒤척이다
머릿속은 말똥말똥
오늘도 글렀구나

창문 너머 시선 주니
몇몇 이웃집 불빛 꽃 피워
동병상련인가
응원의 메시지를 보내고 있네

숙면의 밤
마음 불러 화답하려니
봄바람 따라 마실 갔는지
반응이 전혀 없다

적멸(寂滅)의 삶

이리저리 일상을 파고드는 주전부리
바보상자마저 먹방 도배로 힘을 보탠다

적멸(寂滅)의 삶은
90 생을 지나
가고 싶을 때 가는 것인데
무엇을 잘 먹어야 하나

하루에도 수천 번
고민 실망 흥분하다 다시 고민하는 마음 이놈
잘 먹고 살아야겠다

마음먹기가 그 첫째요
너도나도 싫어하는 먹거리지만
365일 내내 열심히 사는
또 한 놈은 나이 먹기다

삶의 향기는 한 해 두 해 잘 모아야 맛볼 수 있다
적멸(寂滅)의 삶을 향해
마음과 나이 잘 먹고 소화시키며
'정보의 띠'*를 풀어가 보자

*정보의 띠 : 시간을 의미.

쉽다는 것은

잘 먹고 잘 놀면 잘 사는 걸까
걷기 위해 넘어지고 일어나길 3천 번
쉽다는 것은 대단한 것이다

영혼 속 아픔을 이겨낸 결과물이요
인생살이의 필수품이다

쉽다 어렵다 야단인 세상살이
무엇이 쉬운 걸까

쉽다고 쉽게 보지 마라
精과 氣 그리고 神이 담겨있으니
늘 감사함을 되새기며 살아가자

지인의 깔딱고개

50대 말 할미 된 친구
손녀 자랑 야단인데

꿈속에서도 그리던 손자
10년 늦게 찾아오니
평생을 기다려 왔었건만
몸과 마음이 따로 놀고

내 몸 무겁기 천만 냥이니
어제까지 파란 하늘 노랗게 변하는구나

5년만 당겨왔어도
춤추며 맞았을 텐데

교직 은퇴 맞아
오매불망 세상 구경
출발도 하기 전에 깔딱고개 만났구나

건조기 속 세상살이

왔다 갔다 하는 장맛비로
심신도 뒤숭숭한데
세탁기에서 막 탈출한
젖은 빨래 바라보니

어린 시절 맛본
꿉꿉한 냄새 달려올 듯
도망친 놈 움켜쥐고 인근 빨래방 달려간다

4,500원에 35분 작동 건조기
시작 버튼에 놀라
원형 통에 찰싹 붙어 버티더니
약육강식 현장 속에
하늘하늘 춤사위만 남는구나

두 눈으로 바라보는
음양의 조화 속에
인생의 기승전결을 맛보는 시간

환생한 옷가지 들고
가만히 볼 맞춤하니
자르르 따스한 온기가 스며든다

개보다 못한 놈

개도 걸리지 않는 여름감기 덕분에
개보다 못한 놈이 되니
뜻밖의 대서(大暑)* 선물일까

바이러스와 혈투 중인 백혈구
양 · 한방을 총동원해
승리 기원하건만

상대도 이리저리 회피하며
수시로 어퍼컷을 날리네

지식과 지혜의 공감대는
때를 기다리라는 답을 주고

몸속 공방전을
'이 또한 지나가리니' 마음으로
즐겨본다

* 대서(大暑) : 24절기 중 12번째 해당하는 절기로 더위가 가장 심하다.

새벽은 누가 보는가

의식의 문턱 두드리고
새벽이 달려와
여명이 휘끗 창문을 넘어온다

따스함 미련에
이불 한켠 매달리는 발끝
어렵사리 나서보니

새벽잠이 차려놓은 산해진미 마다한 채
바쁘게 이리저리 움직이는 사람들

이런저런 인연 엮이어
세상은 돌고 도니
새벽에 눈 뜬 자만이 새벽을 볼 수 있다

늙은 가수의 꿈!

대학로 공연장에 눌러앉아
통기타 가수의 노래를 들으며
오롯이 즐기는 혼자만의 시간

노랫말을 타고 오가는 4~50년의 역사
몇몇 사람들의 박수에
'고맙습니다'를 연발하는 늙은 가수
탁배기* 같은 그 사람의 인생을 듣고 싶다

'고추잠자리'를 열창하니
잠자리들이 가을하늘을 비상한다

'~엄마야 나는 왜 갑자기 보고 싶지~'
3시간 내내 노래하는 저 열정은 어디서 오는 건가

청중과 가수
가을의 향기마저 함께 어우러져
세상 사는 맛이 청국장처럼 슬금슬금 올라온다

*탁배기 : 막걸리의 방언.

팬플룻 이놈

이놈이 왜 내 식구가 되었는지
도무지 알 수 없다
너무 쉽다는 말에 나는 속았다
누구는 그 소리에 반했다는데

덕분에 악기 하나 만지는
허세를 간혹 부리곤 하지만
마음을 쉽게 주지 않는다

밤낮 번뇌 속에
청아한 소리 꿈꾸며 헤매건만
끄떡도 하지 않은 채 버틴다

오늘도 입술 터지게 비비며
될 듯 말 듯 아쉬움 속에
'나에게 득음의 기회를 주소서'
하소연한다

공부하다 죽어라

동물보다 사람이 낫다는데 왜 그럴까
다양한 먹거리도 그중 하나일까

애도 먹고 욕도 먹고 더위도 먹으며
간혹 큰 먹거리로 사람은 마음을 먹는다

'공부하다 죽어라'는 법어는
삶을 통해 나를 만들어가라는 것이다

참나(眞我)를 찾는 것이 최고의 공부요
그것은 이 땅에 살 때만 이룰 수 있다

육신은 마음을 지키는 집이요
마음의 씨앗은 공부를 통해 얻을 수 있다

두 가지는 지켜야 한다

전광석화 같던 놈이
간혹 가다 이상 작동
잠자던 치매란 놈
호시탐탐 노려보네

정신머리 놓치는 순간
동물로 둔갑되고
'고려장' 이송 차량
순식간에 달려오네

그 쉽던 걸음마 뜀박질로 날았건만
어느 순간 멈칫 멈칫
유모차 지팡이가 친구라며
슬금슬금 다가오네

남아 있는 머리 다리
잘 돌리고 잘 다듬어
적멸의 삶*을 즐겨보세

*적멸의 삶 : 卒壽(90세)를 지나 떠나고 싶을 때 떠나는 삶.

마음이로구나

명상에 들고 보니
좌뇌 우뇌 좌충우돌
의식 정신 마음이
서로 잘났다 야단이다

의식은 정신의 그림자요
정신은 마음의 그림자이니
제일 중요한 것은 마음이네

사람임을 상징하는 창조의 마음
잘 가꾸고 보살펴
복 짓는 삶을 살아보세

나를 찾는 여행

육체가 사라지면
生을 잃고

정신이 떠나가면
命을 다한 것이다

마음이 사라지면
나를 잃어버린 것인데
도대체 나는 어디에 있는가

나를 찾아 헤매보건만
한 호흡 한 호흡 집중해도
도무지 종잡을 수가 없다

삶의 원리

복(福)이라도 올까 하며
이런저런 세상살이 살았건만

세상사(事) 근본인 삶의 원리는
먼저 주어야 이자 데리고 오는
福 짓는 삶의 실천이구나

베푸는 삶을 주고받으며
비우고 용서하는 마음으로

시공(時空)을 넘어
지경(地境)*이 없는 삶을 꿈꾸어 본다

* 지경(地境) : 나라나 지역 따위의 구간을 가르는 경계.

나이 먹기

은근슬쩍 떠밀려
나이 한 살 더 받으니
익어가는 삶은커녕
타는 듯한 가슴 안고 달려온 듯하다

세파(世波)에 시달리다
푸른 하늘 바라보니

하늘거리며 떨어지는 잎새 사이
미소 머금고 슬그머니 다가온 새해

세월 나이 더해짐은 피할 수 없나니
기분 좋게 나눠 먹고
세상 주유(周遊) 두루두루
즐기는 삶을 꿈꾸어 본다

선택의 기다림

살아온 삶 돌아보니
이런저런 선택 끝에
희로애락 춤추고 있다

알파벳 B(Birth)와 D(Death) 사이의
C(Choice)가 인생인가

혹시나 하는 마음으로
맑고 밝고 선한 선택
기다리며 지켜본다

깊은 잠재의식 속에
올바른 선택 꿈꾸어 보건만
자욱한 안개꽃이 가는 길을 흔드네

왜 왔을까

생명의 본질은
본래의 자신을 찾는 것이요

식물은 직립하되 이동할 수 없고
동물은 이동하되 직립할 수 없는데
사람은 직립도 하며 종횡무진 쏘다닌다

사람에게만 있는 창조의 능력은
신적인 가치를 지님을 의미할까

아름다운 지구에 왜 왔을까
놀러 왔을까 공부하러 왔을까

영혼백(靈魂魄)이 함께하다
영(靈)과 혼(魂)은 하늘로
백(魄)은 땅으로 언젠가 사라지네

열심히 공부하여
사람다운 사람으로 살다 가세
지구촌에 사는 동안

청춘을 돌려다오

선잠 털어내고
기억 속 찻집 찾아 달려가니
너무 이른 시간이라 주인이 난색 한다

먼 데서 찾아왔다는 하소연 덕분
어렵사리 자리 잡으니
찻잔 너머 슬그머니
수십 개 자태의 시계와 카메라 다가오네

옛 주인 그리워
제각각 멈춘 시침 분침

온 세상 담고 놀던 카메라도
마지막 눈으로 세월만 응시하네

핸드폰 꺼내 앵글 맞추니
역사의 자락 타고 청춘을 돌려달란 듯
추억의 향기 뿜어낸다

건강하려면

해 뜨면
해 뜨는 짓을 하고

해지면
해 지는 짓을 하라

제 3 부

우야모 좋노!

우야모 좋노

손자 손녀 요람이던 'Yellow House'
할머니 할아버지 놀이터 되고
덩그러니 드러누운 '미끄럼틀'
추억 속에 가슴앓이 하는구나

하객으로 왔던 장소
조문객 되어 방문이요
지하철 타고 보면 객실 절반 노인인데
나도 그중 한몫하네

'둘만 낳아 잘 키우자' 야단이더니
출산율 0.7% 이게 웬 말이냐

어쩌다 이런 일이
지구촌에서 사라질 국가 1위라는
'카더라 통신'
현실이 될지 걱정이네

우야모 좋노!

묵언의 바다

창공 넘나들며
사랑 구걸하다
하늘이 품은 쪽빛에 반한 갈매기

도미 한 놈
짝사랑 갈매기 쳐다보다 놀라
옥구슬 빛깔 뽐내며 유혹한다

일본 오염수 방류 문제
생각 다른 인간들
세상 무너진 듯 싸우는데

당사자인 바다는 묵언 속에
하늘만 바라본다

우야모 좋노!

이게 뭐꼬

심신이 녹아난 듯 흔들흔들
우중 뚫고 고향 도착
장모님 49재

차 트렁크 열어보니
구두 한 켤레
방긋 인사한다

준비했던 정장은 서울
아뿔싸! 별짓 다 하는 듯

드라마 속 이런 장면
내가 직접 경험할 줄 꿈이라도 꾸었던가?

부랴부랴
한번 입을 정장 새로 구입
ㅋㅋㅋ 갈매기가 웃고 만다

로봇 커피

어느 날 전기 발명
인공 태양 띄우더니
흔들흔들 삼라만상 정신없는 세상

토끼가 방아 찍던 달 마을도 기억 저편
우주 공간 인공위성 챗GPT 등장에
모골(毛骨)이 송연(悚然)하고
'이게 뭐지' 로봇에게 커피 주문하고 있네

AI 인간 등장 예고
누가 세상 주인인가
잘난 맛에 자기 발등 찍고선

지구촌 소풍 다니다가
생로병사 자연 순리

'너 하나 있으니' 하며 사라지는 삶은
꿈으로만 남을 건가

음양(陰陽) 조화 누리 속에
평화롭던 지구촌(村)아

'교육' 그 애잔함이여

자식 교육 핑계 삼아 치맛바람 수십 년
'한 자녀 몰빵'
강남 카페 둘러앉아 여론몰이하더니만

'4세 고시' '초등의대반'
난생처음 만나 정신이 아롱아롱...

'배운 놈이 노가다가 웬 말이냐'
꾸중하던 기억 속 동네 어른

치맛바람에 난타당한 청춘들
요단강 건너가고
말 안 들으면 한국 유학 보낸다 야단이네

'자식 농사' 목숨 걸고 주린 배 쥐어짜며
오늘의 '대한민국' 겨우겨우 키우고는

사라진 밥상 교육 인성 교육 복원시켜
사람다운 삶이 회복되길 바랐건만
교권은 추락하고 지 잘났다고 난리구나

우야모 좋노!

‘밥상머리’

평상 주위 모깃불 피워놓고
3대가 둘러앉아 말아먹던 물국수

할아버지 수저 들길 기다리다
게 눈 감추듯 사라진 국수 한 그릇
어떻게 우리 집 선생님
무졸(無卒) 할아버지가 되셨을까

가족 친지 이웃 사랑 넘쳐나는 연결공간으로
도란도란 ‘밥상머리’ 부모 자식 하나 되니
살맛 나는 세상 지혜는 ‘가화만사성’

주야 바뀐 이상한 세상
부모 자식 얼굴 본 지 가물가물

핸드폰 게임 혼밥 혼술
곳곳 난립 칼부림 속 아수라장 현실 세계

정신은 전당포에
물질만이 제 세상인 듯 춤을 춘다

쓰리고!

언제부터 고향 친구들 만나니
난 투고 난 완고 난 쓰리고*
너도나도 쓰리고 타령
고스톱판 쓰리고는 돈이라도 따건마는
친구들 쓰리고는 가슴 아리게 다가온다

난 피박을 썼나 봐!
죄라면 열심히 산 죄
쓰리고 친구들 음주 가무 달인인데
완고 신입생 비실비실 헤맨다

100세 시대 웬 쓰리고

* 쓰리고(高): 현대인의 심혈관 대표 질환인 고혈압, 고지혈, 고혈당을 의미함.

소나무 울음소리

오가는 사람 반기는
늦가을 홍천 '수타사'*
화려한 단풍에
정신 혼미해져 달려가니

큰 소나무
시멘트 옷 걸친 채 윙윙 울고 있다

우리 선조 쥐어짜며
삼천리강산 초토화시킨
일제 강점기 자국들

아픈 흔적 아물지 않고
송진 채취 흘러내리네

책장 귀퉁이
한 서린 흔적 잊지 말라는 깊은 충고
'역사를 기억하라'
가슴 한켠 옥죄어 온다

우야모 좋노!

* 수타사 : 강원도 홍천 공작산에 있는 고 사찰.

헥헥 거리는 세상

동네 할아버지 돌아가시면
어릴 적엔 도서관 하나 사라졌다 했건만

지구촌 일상 손가락 클릭 몇 번
실시간 접하고
인생의 경험과 지혜 쓸모가 전혀 없네

인간이 신이 되었나 신을 만들었나
AI 비서까지 대동하는 세상
좇아가자니 헥헥거리고
포기하자니 이방인이네

'자연인' 보며 대리만족하는 인간이
때론 한심하고 서글프다

‘가르침’

성경 가르침 사랑(愛)으로 귀결되고
불경 가르침 마음(心)으로 안착인데
평생을 찾아 헤매건만 잡히질 않네

머릿속 뒤흔드는 ‘사랑과 마음’
언제쯤 가슴 한쪽 저장하여
마음이 통하고
사랑이 넘쳐나는 삶을 살 수 있을까

노력 없이 공짜만 구하는 삶
마음 한쪽
도둑놈 심보가 가득한 걸
이제야 알았구나

世上事

어제는 봄날 오늘은 초겨울
국민 관심사 아시안 컵
장담하던 우승은 어디 가고
선수들끼리 싸움박질 야단 났구나

선거 앞둔 정치판
입만 열면 국민인데
이합집산 혼돈 속에
전쟁터 버금가는 민초들의 하루하루

덕지덕지 아픔 속에
새로운 해답 찾아 배회하니

정확한 진단 처방전이 나와야 하나
정답은 사라지고 모든 게 네 탓이요
갈팡질팡하는 세상사로다

우야모 좋노!

인생의 계급장

사람들 만날 때마다 다가오는
이 대령 부장님 위원님 시인님 할아버지…
다양한 호칭은 내 인생의 계급장일까

만나는 사람마다 다르게 부르지만
내 나름의 역사가 살아 숨 쉰다

이런저런 부름 중에 가장 듣고픈 것은
당연히 '할아버지'가 아닐까

인간의 존재가치는
후손을 남기고 떠나는 삶이라는 생각이
더욱 아리다

반려견 이름을 자식들과 돌림자로 쓰는
서글픈 현실 속에
누구나 얻던 호칭이 사라져 간다

우야모 좋노!

봄날의 꿈

세월이 흐를수록
이념 지역 성별 세대 간 핏대 세우고
정치판 싸움은 기본이요

혼밥 혼술에 개모차마저 유세하니
아수라장 세상 왔나

지구촌 흥분시킨
'오! 필승 코리아'
'우리'는 어디 가고
홀로 잘 났다고 야단들인가

함께 희희낙락 뛰놀며 살던 세상은
진정 봄날의 꿈으로 사라져 버렸나

우야모 좋노!

때가 중요하거늘

어린 시절 회상하니
온 식구 주린 배 보리쌀이 채워주고
서까래에 매단 소쿠리 천연 냉장고요
간혹 맛본 수제비는 최고의 보약이었다

번갯불에 콩 볶았나
추억을 향유하던 호롱불 세상은 역사로 사라지고
인공지능 세상이네

손가락 몇 번 클릭
순간 이동 이런저런 음식
절반은 쓰레기통 다이빙하고

온 세상 당뇨 고혈압 고지혈 판 된걸
잘못된 식생활로
죄 없는 흰쌀밥만 대박으로 타박받네

먹는 게 무엇이냐 보다
언제 먹느냐가 더 중요하거늘
주전부리에 맛이 간 세상
때는 보지 못하고

우야모 좋노!

폭염

온 세상 태울 듯한 폭염 보니
생존 위한 지구의 몸부림인가
하늘에 불이 났나

문명의 이기로 정신줄 놓은 자연은
세계 곳곳에 각종 재앙 던져 주고

국가 간 이기주의 판치는 가운데
'지구촌 온난화 문제'는 뒷전이요
온실효과 최고조에 화석연료는 넘쳐나니
그때마다 땜질하기 바쁜 지구촌 사람들

왜 그랬지

늦은 밤
비 오는 귀갓길에 마주친 지갑 하나
흠뻑 젖은 모습 애처롭지만
잡을까 말까

쓸데없는 일에 시달릴까 망설이다
마음 가는 대로 주워 든다

인근 파출소는
불 꺼진 창문만이 덩그러니 웃음 짓고
순찰 차량 하나
비 맞으며 졸고 있네

여러 곳곳 이상 느낌 나만의 생각인가
치안(治安)은 국가 위상이건만

순간 멈추었던 마음
'왜 그랬지' 되돌아보며
주인 다시 만나 백년해로 기원한다

현충원 단상

오랜만에 찾은 현충원
참 많이도 누워 계시네

구구절절 충절 사연
이리저리 엮어보니
도서관이 넘쳐나네

떠나간 전우와의 소주 한잔에
노구 이끄신 어르신
74년 전 역사가 살아난다

보고픈 내 동기가 기다리는 곳
현충원 19 묘역

1년여 만에 어깨 두드리며 안부 물으니
보고 싶었다며 반겨 준다

살아있는 자의 책무를 몰라
하늘에 물어보건만
빙그레 웃고만 마는 하늘

세월과 싸우지 마라

젊음이 춤추는 압구정동
역사 속 배밭으로 들어서니

카드 한 장 옆에 차고
높은 빌딩 숲 곳곳 성형외과에 둘러앉아
지지고 볶고 야단이다

비슷한 얼굴들이 제 눈에 안경인 양
손재주 세계 최고 수준의 작품답게
희희낙락 세상을 오고 간다

떠나간 좋은 시절 돌아오지 않으니
돈의 힘 믿고 세월과 싸우지 마라

이왕 가는 인생 속에
쉼표는 찍더라도 마침표는 찍지 마라

고모집 이야기

67세 고모가 장사를 접자 72세가 인수했다
31년 고된 노동에 쓰러진 늙은 고모는
3일 만에 깨어나 장사를 접었고

평생 모은 1,400만 원으로
'이거 아니면 먹고 살길이 없다'며
더 늙은 고모가 다시 열었다
기억 저편 너머 아스라이 다가온 고모집 이야기

어떤 이는 살기 위해 던지고
어떤 이는 살기 위해 받으니
살아가는 방법 다양해 좋구나

부모님 잘 모신 마지막 세대요
내 목숨 자식 것 인양 살아온 삶이 전부인데
죄라면 이것도 죄일까

고모집 생존 덕분에
오늘도 주머니 가벼운 청춘들
혼밥 혼술로 주린 배 채운다

치통

통증 황제가 놀러 왔나
아린 이 밤새 부여잡고
슬그머니 찾은 치과

살아온 나의 삶을 담고
다양한 생채기 지닌 치아들
치열했던 삶의 여정
이리저리 엉겨있네

깨어지고 금이 가고 벗겨진
크고 작은 흔적 속에
젊은 청춘 파노라마
추억을 선물하고

육신을 돌보라는 듯
뜬금없이 다가온 치통

우야모 좋노!

AI 시대 유감

검정 고무신에 꽁보리밥 먹고
살아온 게 엊그제 같건만
세상은 '쌕쌕이'*로 달려가나 보다

어느 날 눈떠보니 천지가 개벽했나
인공지능 세상이요
농업 산업 정보화 시대 일상
역사 속의 자락이네

서빙은 물론 질병 진단과 보고서까지
로봇이 다 해 주는 희한한 세상
사람 동물 기계가 주종(主從) 없는 세상 올지

사람이 만들었건만
지구촌 대다수가 끌려다니고
마음 한켠 불편하다

첨단인도 자연인도 아닌
어정쩡한 삶 속에서
한심한 인간이 되었네
좋은 세상은 지금이라 자위하는

*쌕쌕이 : 1950년대 제트기들을 '쌕쌕이'라 부름.

역사를 기억하라

발길 가는 대로 걷다
개나리 진달래 산수유…
별천지로구나

저 화려한 자태를 뽐내고자
얼마나 긴 인고의 시간을 보냈을까

남산 자락
해병대 기념관 뜨락에 자리 잡은 목련
지고지순한 모습에 끌려 발길이 멈춘다

순백의 열정에 취해
카메라를 당기는 순간
수륙양용차와 눈이 마주친다
목련 뒤편에서 묵묵히 세월을 낚고 있는

6·25 전쟁 당시
수많은 선열들의 피와 땀과 눈물을 머금은 채
세상을 관조하고 있다

마치 지금 내가 누리는 평화는
그저 주어진 것이 아니라는
역사를 기억하란 듯이…

현충원

발길 향하는
매년 6월 현충원

가는 날이 장날인가
폭풍전야 인양 바람 한 점 없다

오와 열 각 잡힌 비석과 꽃송이
돌거북이 메고 서 있는 忠 字
군인정신 소환하고
가슴 한켠 치는구나

선열들의 애간장 녹아내리는 듯
갑작스레 떨어지는 빗방울은
피눈물로 다가오네

삶의 지혜

늘 낮은 곳으로 굽이굽이 흘러
바다의 품에 안기는 강물처럼
흘러가는 삶

향기로운 자연의 맛을
두루 세상에 나르는 바람처럼
늘 베풀며 사는 삶

허공에 이런저런 그림 그리다가
넘치면 슬그머니 버리는 구름처럼
늘 욕심 없는 삶

더불어 사는 삶의 지혜를
자연이 선물하건만

다들 내 잘났다 야단 속에
남 탓만 하고 있네

약 주머니

오만 데 아파 드신다는
모친 손에 든 한 줌 약 보니
하도 많아 먹는 시간 하세월이네

잠깐 반짝 효과 속에 이리저리 먹는 약들
음양의 조화인가
뒤집으면 병이 되고

텔레비전 유튜브 켜면
만병통치약인 양 홍수 난 건강 정보
일순간에 마음 흔들 지갑마저 앗아가고
내 몸 지키미들 할 일 없어 잠만 잔다

알약 물약 가루약 도배 속에
약주머니 되어가는 내 몸뚱아리

우야모 좋노!

제4부

자연, 그 아름다움이여!

버릴까 말까

마지막 남은 이슬 한 방울 매달고
밤새 촉촉이 내린
봄비의 향연을 끝낸 꽃들이
고민한다

버리자니
따가운 햇살이 걱정되고
말자니
일순 이슬 무게가 짓누를 것 같다
버릴까 말까

알면서도 멈칫거리는
자신이 참 바보 같다
쉽게 버리지도
잡지도 못하는 순간이거늘
인생이란 이런 걸

태양을 꿈꾸건만

여명의 눈동자는
붉은 태양 담고 싶은데
하루하루
짙은 구름의 연속이구나

속마저 까맣게 타버린
열정의 이글거림
가슴 한편 아리건만

우리네 인생
구름을 거쳐
그믐달로 달려가누나

기왕에 만나야 할 달이라면
둥근 보름달이고 싶다

산행

맨발 운동화 등산화
다양한 군상(群像) 속에
자신만 바라보고픈 욕심 안고
자주 찾던 관악산이건만
기억의 언저리에서 아롱거릴 뿐

그 많던 사람들
산에 들고
한순간 나 혼자 걷는 길
직선 아닌 곡선이라 아름답다

산새들 재잘거림 속
들려오는 소리
등산은 인생이로구나

오늘이란 행복
갈무리하고
내일을 준비한다

템플 스테이

자연인을 동경하다
퇴직 핑계 입산하니

깊은 산속
온화한 부처님 미소 아래
산사(山寺) 속 산새들이 노래하며 반겨주네

희로애락(喜怒哀樂) 고리 속에
이리저리 엉킨 인생

가부좌 틀고 앉아
삶의 번뇌 성찰(省察)하니
삶의 찌꺼기 씻어내고
새로운 영혼 꿈꿔 본다

이것도 내 마음 저것도 내 마음인데
'스치면 인연이요 스며들면 사랑이라'

산사(山寺)에서 만난 세상과
귀경길 세상은 같은 걸까 다른 걸까

마법의 지팡이

지인들 연주 핑계
다시 찾은 옛 직장

젊은 날의 시간들
변한 듯 아닌 듯 풍경
주마등처럼 지나가네

겨우 내내 부스스한 장발머리
흔들흔들 만지더니
어매! 온 세상에
멋쟁이 총각머리 넘쳐 나누나

삼라만상 숨결 모여
푸른 세상 선물하니
'희망'이란 열매가 매달려
감사하며 웃고 있네

비와 바람 친구
마법의 지팡이 휘둘렀나

익어가는 삶이란

지난해 겨울
교회에서의 봉직을 마치고
수줍게 나를 찾은 너

진이 다 빠진 모습에
따스한 눈길을 주었더니
멋진 꽃망울을 선물하곤 숨을 죽인다

어느 날
무거운 눈꺼풀 들어내다 마주친 눈매는
'왜 날 보지 않냐' 하며 원망하면서도

새벽녘이면
희망의 꽃망울 선물 주고파
토닥토닥하더니만
요염한 자태로 다가와
가슴을 치는구나

시간에 따라 살아가는 것이
익어가는 삶이라고 말하는 듯
오늘도
또 다른 꽃망울을 펼치며 배시시 웃는다

괜찮아 가을이야

하늘 보니
새털구름 몽글몽글
합창하던 매미 소리
어느새 중창이요

청춘들 어깨 위에
소록소록 가을이 내려앉고 있다

수평선 너머 파도와
지난여름 이야기 나누며
폭우와 태풍 억장이 무너졌건만

날아든 잠자리 한 놈
툭! 어깨 치며
'괜찮아 가을이야' 한다

뙤약볕에 지쳐 찾아든 숲 그늘
따스한 아메리카노 한 잔 나누고 싶다

흑천(黑川)*의 하루

남한강 역사 품은
검은 돌 마을 흑천

쏘가리 점프 오가는 바람
산새들 소식 물어오고
검디검은 돌멩이 사이사이
잠 부족한 친구들
잠시 '쉼'을 맛보네

휴식한 물고기들
마을 오르내리며
물결파동 선물하니
산새 바람 고맙다 노래하고

먼바다 친구에게
마을 소식 전하고픈 산천수
괄괄괄 소리 내며 달려간다

*흑천(黑川) : 경기도 양평 개군면 신내길에 있는 천(川).

카페 '흑유제'*

검정 옷 온몸 두른
아담한 자태로

카페 앞 흐르는
흑천(黑川) 물고기 삶에 반해

세파 지친 현대인들
'쉼' 맛보라며
다른 시선 차단한 채
물고기 친구 인양 유영하는 '흑유제'

짧은 명상 사이
출산 직전 태아
자궁 속 마지막 유영하듯
한 줄기 빛 어둠 속 스며들고

침묵과 에너지 교차
또 다른 파동 일어난다

*흑유제 : 경기도 양평 개군면 신내길에 있는 카페.

코스모스

오지 않는 친구를 기다리며
멍하게 시선 던지는
사당역 12번 출구

수없이 오가는 사람들 사이
빨강 주황 코스모스
가을을 노래한다

늘 이맘때면
가냘픈 몸매로
남정네들 마음 아리게 하더니
너로 인해
얼마나 많은 이들 애타는 마음 될까?

앞만 보지 말고
옆도 보고 뒤도 보며
인생을 즐기라 하네

그 속에 나도 살포시 스며들고 싶다

10월의 단상

단풍이
바람 안고 흔들리다 낙엽 되니
눈으로 보던 즐거움이
발바닥 밑의 하찮은 쓰레기가 된다

아쉬움에
자그마한 눈물 머금고
10월이 지나간다

단풍으로 남아 있을 때
아름다움을
최선을 다해 뽐내소서

돌멩이 마음

푸른 청춘 담쟁이
듬직한 돌멩이 모습에 반해
새봄부터
일편단심 추파를 던지건만
아는 듯 모르는 듯 애간장 태운다

어젯밤 슬쩍 다가와
시간 없다 알려준 가을비

맘 급해진 담쟁이 사랑을 고백하네
돌멩이 얼싸안고
낙엽 되면 곧 떠나야 한다는

긴긴밤 하소연 들은 듯 만 듯
가슴팍 놀다 떠난 비둘기
두리번거리며 찾는 돌멩이

주인장 어디 갔소

가평 휴게소에서
검붉은 단풍으로 시선 끄는 나뭇가지

새벽안개와 열애 중인지
영롱한 이슬 한 방울 대롱대롱

'거미줄' 그림 한 폭
가로세로 질서 정연
스무 줄 보름달 작품 전시했네

살아남기 위한 인고의 노력
가슴 울리고
몸속 단백질 쥐어짜며
한올 한올 만들어낸
처절한 삶의 현장

집 비운 주인장 찾아
사방을 둘러보니

새벽의 찬 공기만
인사를 대신한다

사계(四季)

칼바람과 겨우내 사투 벌인
앙상한 가지

새봄 소식
옅은 초록빛으로 전하고는
옆 친구와 얼기설기
서로를 갈망한 듯 정신없다

한여름 폭우와 태풍 속
이리저리 흔들리며
겨우겨우 살아남더니

볼품없이 찌그러져도
알록달록 단풍으로
낭만을 선사하네

된서리 혹한 이겨내고
춘 3월 새봄 향기 즐기려면

마지막 남은 이파리
낙엽 되어
흙으로 돌아가시게

11월 그 그리움

귀빠진 날 총각 딱지 사라진 날
그리고 내가 살아온 자락들
내 역사가 스멀스멀 기지개 켜는 시간

차디찬 바람 귀퉁이 부여잡고
빙글빙글 돌며 다가온다

사르르 도르르 가슴 울리고
낙엽 구르는 소리
왠지 찡하게 날아드는 시간

입안에서 같이하니
바람이 살금살금 일어난다

추억의 끝자락 매달고
헥헥 거리는 단풍잎 하나
소슬바람 편에
'가을 향기' 택배 보낸 시간

11월은 그렇게
떠나갈 준비를 하고 있다

3월의 환희

강아지 친구삼아
뒷동산 올라 보니

아지랑이 피어나는 언덕배기 너머
3월이 왔다며
왁자지껄 야단이다

2월이 떠났건만 무채색 세상
여린 가슴 시리게 하더니
초록빛 새싹들이
슬금슬금 올라오고

겨우내 잠만 자던 나무줄기엔
조롱조롱
꽃망울이 움트고 있네

그래서 우리는
3월을 기다렸을까

차가움이 따듯함으로
멈춤에서 움직임으로
세상의 반전이 거듭되는 시간

대작

밑그림을 늘 푸른 담쟁이로 그리더니만
대작을 품은 아파트 벽면
밤새 오색 찬란하다

시선 줄 때마다 다르게 다가오는 모습은
기억 저편 색동옷 입은 풋풋한 소녀 같다

지나가던 바람이 그려 놓았나
노을과 햇볕의 합작품인가

함께 감상하던 새 한 마리
'가을이 주는 선물이래'
한마디 툭 던지며 날아간다

젓꼭대기*

한눈팔다 성대시장 골목
무덤덤하게 툭 미소를 던지며
마주친 '젓꼭대기'
자연스레 발길을 잡는다

어릴 적 다디단 감촉에 빠져
남몰래 따먹던
순이네 '젓꼭대기'

가슴은 두근두근
메마른 입술 침 넘겨 가며
여름을 꿀꺽 삼켰다

짙은 녹색 잎 사이로
꽃도 향기도 없이
조금조금 머리 내밀다

봉긋한 젓무덤 위에
어느 날
붉은 꼭지 나풀거리던 모습

가슴 한켠 숨겨둔 추억이
달음질치며 달려오네

*젖꼭대기 : 경상남도에서는 무화과를 '젖꼭대기'로 부름.

가을맞이

동편 바다에
검붉은 불기둥 솟아올라
새벽하늘 물들이니
단풍 단장에 산천초목 정신없다

새털구름 타고 달려온 가을이는
하강 시간 저울질하며

목 빼꼼 내밀어
무지개 사다리 만들기에 바쁘네

건들바람* 슬쩍 다가와
양념 한 점 툭 던지니

코끝 가득 가을 향기
온몸에 젖어든다

* 건들바람 : 초가을에 선들선들 부는 바람.

아! 바람아

여미지도 못한 붉은 가슴 어쩌라고
헥헥 거리는 일상 선물하더니
벌써 안녕인가
찬 바람이 분다

빌딩 숲 뚫는 기세에
오들오들 손과 발

마음 한켠
잠자던 녀석마저 실눈을 뜬다
동장군들 떼거리로 오나 보다

'바람' 음률에
갈대밭이 요동치고
팬플룻 소리 허공을 뒤집는다

밤새 끙끙 가슴앓이로
텅 빈 내 마음

바람이 다녀갔구나

떨어진 이파리

산책길
툭 어깨 치며 떨어지는 이파리
가만히 주워 보니

24개 갈비뼈에 튼실한 등뼈 하나
온몸 가득 이런저런 흔적
이건 뭐지 자기 인생 다 담았다

갈색 옷 입고 보니
엄마 품속 즐기던 푸른 세상
떠나는 게 자식 도리

바람 친구 도움 받아
살포시 비행했다네

오색 이불로
친구들 가슴 곁 어깨 묻고
차디찬 대지 덮어주는
이런 삶도 괜찮다며

지난 얘기 오순도순
살포시 웃어준다

겨울나무

밤새 맞은 새 선물 오늘이 빛나건만
새벽이 마실* 나간 아침
앙상한 겨울나무 지난여름 회상 모습
마음 한켠 허전하다

슬쩍 달려온 미풍
먼 산 중턱을 날고뛰며
봄의 전령 오고 있다네
툭 던진 한마디

겨울나무 소식 접한 듯
기지개 길게 켜니

새 움이 눈을 뜨고
가지마다 파릇파릇

밑동에 기대이 잠자던 동 장군
부랴부랴 보따리 싼다

*마실 : 이웃에 놀러 다니는 일.

임무 교대

노래하다 폭염에 지쳤다며
뱅글뱅글 누워 춤을 추는
산책길에 만난 매미 한 마리
그 곁을 지나가는 귀뚜라미

목이 터져라 여름답게
록 음악을 선물했다는 매미의 몸짓에
귀뚜라미는 발라드 음악으로
임무 교대 중인가 보다

검붉은 낙엽들의
축하 비행 피날레 속에
가을의 향기가
살포시 가슴에 스며든다

개나리

나지막한 숨소리 모여
동장군 갑옷 벗겨내니
춘심에 녹은 뒷동산

한파 이겨낸 친구들 반가워
몽글몽글 갓 피어난 개나리

노란 꽃잎 여기저기 활짝
연지곤지 단장하기 바쁘고

겨울잠 덜 깬 목련도
단짝 친구 진달래도

자지 않은 척
몽우리 피우고
붉은 열정으로 화답한다

봄의 눈물

여린 마음 이고 지고
북풍한설 기나긴 밤
기다린 님 이건만

산 넘고 물 건너
어렵게 도착한 님
만나자마자 이별이라네

여름 텃새에
봄 가을 도망치고
간혹 겨울마저 시샘하니

세상천지 들끓는 소식
지구촌 마그마 방
여기저기
뚜껑 열렸나 보다

좋았던 기억은
추억의 날개 달고
가녀린 호흡으로 헥헥거린다

시인의 추억(追憶)과 사색(思索)

윤제철(시인 · 문학평론가)

1. 들어가는 글

글을 쓴다는 일은 이제 특별한 재주나 소질을 갖고 있는 사람들에게 주어지는 특권이 아니다. 다만 글을 써보겠다는 표현의 욕구를 어느 시기에 시작해서 얼마나 습작과정을 가졌는지가 중요하다. 누구든 소년 소녀시절을 겪으면서 글을 읽고 나도 한번 써보고 싶은 마음을 가져보지만, 글을 쓸 수 있는 여건이 맞질 않아 미루다가 기회가 생겨 적극적으로 창작에 입문하는 경우가 많아졌다.

문학의 근본은 자신의 생각을 글로 표현하는 것이기 때문에, 관심을 갖고 사물이나 사건에 대한 관찰을 반복하면서 잠자고 있던 감각을 일깨워 예민해지면 비유를 통하여 상상력을 향상시킬 수 있다. 더구나 만학의 기회를 놓치지 않기 위해 최선을 다하는 노력의 결과는 만만치 않은 것이다.

이경환 시인은 누구보다도 솔직한 표현을 부끄러워하지 않고 드러내고 있다. 그 부끄러운 부분은 남들이 잘 꺼내지 않는 자신만의 독특한 개성으로 독자들에게 낯설게 다가온다. 현대문학의 근간을 낯설게 하기와 아이러니를 추구하고 있는 이유도 거기에 있다. 그뿐만 아니라 은근과 끈기로 누가 시키지 않아도 꾸준하게 매진해 왔다.

국내 유수한 월간 문예지에 오래전 등단은 물론 시집을 내신다는 연락을 받고 무척 반가웠다. 더구나 이 시인의 시세계를 먼저 만나는 기쁨을 함께할 수 있었다. 첫 시집 『스치면 인연이요 스며들면 사랑이라...』 발간을 축하하며 몇 편의 시를 통하여 시세계를 조명하고자 한다.

2. 시인의 추억(追憶)과 사색(思索)

① 추억(追憶)

「인연! 그 허허로움」에서 좋을 때는 간까지 빼줄 것처럼 하다가 섭섭하거나 이용가치가 없어지면 돌아서서 흠집이나 감추던 비밀까지도 폭로하여 비수를 꽂고 만다. 「청춘을 돌려다오」에서 기호품은 사용한 사람의 손길을 떠올렸고, 멈춰선 시침과 분침이 제각각 다른 시점에서 멈춰 섰고 세상을 담고 놀던 카메라도 아직도 눈을 번뜩이고 있었다.

「어른」에서 아이는 무엇이든 채우는 일에 사활을 걸고 어른은 무엇이든 비워서 마음을 편하게 한다. 나이를 먹었다고 어른은 누구나 다 되는 것이 아니다. 「치통」에서 멀쩡했던 것들이 깨어지고 금이 가고 벌레 먹고 상하는 줄 모르고 바쁘다는 핑계와 귀찮다는 무관심이 후회로 몰려왔다. 「인생의 계급장」에서 내세우지 않고는 모든 것이 무너지는 느낌을 벗어나지 못한다. 그러나 현실 속에 생활은 어느 선에서 가려야 원활한 삶이 유지되기 때문이다.

이리저리 품에 안고
좌충우돌 시간 속에

지난해 인연 따라 찾아온 강아지 한 놈
내 똘마니 되었다고 확신했건만
오랜만에 만난 옛 주인에게
정신없이 달려든다

안 가겠지 하는 기대를 단 한 번에 허물고
'설마가 사람 잡는다'더니
눈길 한번 주지 않네

섭섭함이 시원함을 앞지르고
세상을 다 얻은 듯 사위 품에 안긴 놈을 보니
인연의 허허로움
아리게 다가온다

—「인연! 그 허허로움」 전문

사위가 맡기고 간 강아지 한 놈은 인연이 수월찮게 흘러, 내 똘마니라고 자부했건만 옛 주인이 눈에 보이자마자 달려든다. 안 가겠지 기대는 어림도 없고 가서도 눈길 한번 주지 않았다. 인연의 허허로움, 아리기 짝이 없다. 주인이라고 꼬리치고 갖은 아양을 떨던 녀석은 화자를 언제 봤느냐고 묻고 있다.

옛 주인이 없을 때는 어디 의존할 때가 없어 기댔다가 옛 주인이 나타나니 이젠 필요 없는 존재가 되었다. 그러다가 가버리면 어쩌려고 냉담하게 인연을 끊듯 할까, 영리하다지만 이럴 땐 아무 것도 모른다. 알고 있었던 바와는 너무 거리가 당황스럽기만 한 것이 개와의 인연이다.

어찌 개뿐이랴, 사람들이 오히려 더 영악하다. 좋을 때는 간까지 빼줄 것처럼 하던 사이였다가 좀 섭섭하거나 이용가치가 없어지면 돌아서서 흠집이나 감추던 비밀까지도 동원하여 고소하거나 걸고넘어지는 그야말로 비수를 꽂고 만다. 믿을 데가 없는 삶의 구석에 냉기가 돈다.

선잠 털어내고
기억 속 찻집 찾아 달려가니
너무 이른 시간이라 주인이 난색한다

먼 데서 찾아왔다는 하소연 덕분
어렵사리 자리 잡으니
찻잔 너머 슬그머니
수십 개 자태의 시계와 카메라 다가오네

옛 주인 그리워
제각각 멈춘 시침 분침

온 세상 담고 놀던 카메라도
마지막 눈으로 세월만 응시하네

핸드폰 꺼내 앵글 맞추니
역사의 자락 타고 청춘을 돌려달란 듯
추억의 향기 뿜어낸다

—「청춘을 돌려다오」 전문

모처럼 여행인지라 마음이 들떠서였을까, 깊이 들지 못하거나 흡족하게 이루지 못한 잠을 깨어 기억에 남아 있는 찻집을 찾았다. 너무 일러 어렵사리 들어가 잡은 자리, 찻잔 너머 진열된 내부의 전시물, 평소 관심을 갖던 수십 개가 넘는 묵은 시계와 카메라가 눈에 들어왔다.

특히 기호품은 사용한 사람의 손길을 떠올렸다. 멈춰 선 시침과 분침이 제각각 다른 시점에서 멈춰 섰고 세상을 담고 놀던 카메라는 아직도 눈을 번뜩이고 있었다. 그리고 화자의 추억 속에 담긴 장면들이 떠올라 잠시 그곳에 머물러 그 시절로 돌아가 물건 주인의 상황과 나름대로의 대화를 나누고 있었다.

모든 대화는 시대적 관점에서 볼 때 현실과는 다른 영화의 한 장면 같은, 하나의 화면이 끝나기 전에 다음 화면이 겹치면서 먼저 화면이 차차 사라지게 하는 오버랩되는 순간을 만난다. 다시 돌아갈 수 없는 청춘을 다시 찾아올 수 있기를 바란다. 그러면서 어디선가 청춘을 돌려달라는 아우성이 귀를 울린다.

먼저 살았다고 나서지 말고
절제하며 겸손하라

채움과 비움 사이
아이와 어른의 경계이니
채우려 노력 말라

독과 약의 경계 중용이요
'얼'이 큰 사람이 어른이다

—「어른」 전문

먼저 살았다면 나이가 더 위라는 말이면서 본 것과 들은 것이 많다는 의미다. 절제하면서 겸손하라면 정도를 넘지 않도록 알맞게 조절하거나 제어하면서 남을 존중하고 자기를 내세우지 않는 태도를 말한다. 겸손은 무엇보다 존귀하다고 가르쳤다. 그렇게 실천할 줄 알아야 비로소 어른이다.

아이는 무엇이든 채우는 일에 사활을 걸고 어른은 무엇이든 비워서 마음을 편하게 한다. 나이를 먹었다고 어른은 누구나 다 되는 것이 아니다. 채움과 비움을 아이와 어른의 경계라 했으니 무조건 채우려 하는 것은 욕심을 제어하지 못하는 데서 오는 어리석음을 떨치지 못하는 데서 오는 결핍이다.

어른이 다 자란 사람이라면 어른스럽다는 나이는 어리지만 의젓하고 어른 같은 데가 있다고 한다. 정신에서 중심이 되는 부분을 얼이라 하고 그 얼이 커야 어른이라 인정할 수 있다. 다시 말하면 마음이 넓고 생각이 깊어 사람이나 사물을 잘 포용하는 품성을 지녀야 한다는 것이다.

통증 황제가 놀러 왔나
아린 이 밤새 부여잡고
슬그머니 찾은 치과

살아온 나의 삶을 담고
다양한 생채기 지닌 치아들
치열했던 삶의 여정
이리저리 엉겨있네

깨어지고 금이 가고 벗겨진
크고 작은 흔적 속에
젊은 청춘 파노라마
추억을 선물하고

육신을 돌보라는 듯
뜬금없이 다가온 치통

우야모 좋노!

—「치통」 전문

이가 쑤시거나 몹시 아픈 증상. 충치, 풍치 따위가 원인이 되어 밤새 부여잡고 통증을 견딘다는 것은 어려운 일이다. 문제는 증세가 있어도 견딜 만하면 병원에 갈 생각을 않고 아파야만 가는 공통점을 지니고 있다. 우리네 일상도 마찬가지여서 이리저리 엉켜버린다.

멀쩡했던 것들이 깨어지고 금이 가고 벌레 먹고 상하는 줄 모르고 바쁘다는 핑계와 귀찮다는 무관심이 후회로 몰려왔다. 예고 없이 한꺼번에 쳐들어온

적들처럼 두렵고 무섭다. 게다가 만만찮은 치료비가 치통 보다 더 아픔으로 가슴 깊이 사무친다.

우선 당장 겁이 나고 어떻게 해결해야 할지 방법을 알 수가 없다. "우야모 좋노!" 탄식의 소리가 폐부를 찌른다. 통증의 황제인 치통이 치유되기를 간절하게 바라지만 아픔이 사라지면 다시 고마움은 어디로 가는지 예방이나 간수는 온데간데없다. 이 또한 건망증일까?

사람들 만날 때마다 다가오는
이 대령 부장님 위원님 시인님 할아버지…
다양한 호칭은 내 인생의 계급장일까

만나는 사람마다 다르게 부르지만
내 나름의 역사가 살아 숨 쉰다

이런저런 부름 중에 가장 듣고픈 것은
당연히 '할아버지'가 아닐까

인간의 존재가치는
후손을 남기고 떠나는 삶이라는 생각이
더욱 아리다

반려견 이름을 자식들과 돌림자로 쓰는
서글픈 현실 속에
누구나 얻던 호칭이 사라져 간다

우야모 좋노!

—「인생의 계급장」 전문

내 호칭은 만나는 사람마다 달리 부르지만 내 인생의 역사가 살아있다. 할아버지는 후손을 남기고 떠나는 삶으로 존재의 가치가 아리다. 더구나 반려견의 이름에 자식들의 돌림자를 쓰는 서글픈 현실이다. 자칫 잘못하면 누구나 얻던 호칭마저 사라질 위기에 놓여 있다.

계급장은 조직에서 서열이나 직급을 나타내기 위하여 옷이나 모자에 다는 표장(標章)이다. 이름 대신 계급장으로 위세를 드러내기 위해 쓰였던 시절의 말이나 행동을 버릇처럼 내세우는 사람에게 주는 경고의 의미로 계급장을 내려놓기를 권했었다. 주위 사람들과 편하게 지내라는 충고였다.

스스로 품위를 지키지 않고 자기를 존중하는 마음을 버리고는 삶의 어떤 목적이나 목표를 가질 수가 없다. 자신이 존재의 가치를 바탕으로 삼는 것이 왕년의 활동 상황이다. 그것을 내세우지 않고는 모든 것이 무너지는 느낌을 벗어나지 못한다. 그러나 현실 속에 생활은 어느 선에서 가려야 원활한 삶이 유지되기 때문이다.

② **사색(思索)**

「고향 바다」에서 고향은 태어나면서부터 함께 했던 부모님과 형제자매처럼 돌아가시고 곁에 안 계셔도 아니 멀리 떨어져 살아도 기억에 살아남아 잊혀지지 않는 존재다. 「코스모스」에서 바람에 하늘하늘 흔들리는 모습에서 가냘픈 여인이 남자들의 마음을 아리게 하고 얼마나 애를 태우게 하였을까?

「개나리」에서 다른 꽃들이 꽃을 피우려 애쓰는 동안 하는 일 없이 시간만 보내는 것을 후회하고, 다음 봄에는 제대로 이파리를 피우고 꽃을 피우겠다고 다짐했는지 모른다. 「템플 스테이」에서 쉽게 생각했던 사찰의 규율이 견디기 어려운 것처럼 남이 하는 것보다 내가 하고 있는 일이 훨씬 어렵고 불편하게 여기는 것이다.

이른 새벽
칼바람 뚫고 찾은 고향 바다

자주 찾지 않음을 혼내는 듯
크고 작은 파도로 맞이한다

주연인 백파(白波) 춤사위 허공을 가르니
갈바람 랩이 더해지며
바라보는 마음 흥분되고

커피 한잔 친구삼아
바다 쇼 구경 와중

기억 저편
진한 사투리에
깜짝 놀라 주위를 두리번거리네

—「고향 바다」 전문

칼바람은 주로 겨울에 부는 몹시 차고 매운바람이다. 차일피일 틈을 내지 못하고 좋은 날 놔두고 추위를 무릅쓰고 찾았지만 고향 바다는 용서하지 않았다. 주눅이 들어 꾸중을 들으리라 각오를 하고 왔지만 크고 작은 파도는 큰바람이 분 뒤에 아직 남아 부는 갈바람의 반복적인 리듬에 맞춰 강렬하게 읊듯이 마음을 부추긴다.

고향을 떠나 타향에 살아도 마음속에 간직한 고향은 색 바랜 흑백 사진을 꺼내보듯 틈틈이 메마른 도회지를 벗어나고플 때 떠올리곤 했다. 어쩌다 찾아가도 낯설고 자신을 알아봐 주지 않아도, 어렸을 적에 흔적이 담겼던 장소나 사람이 그대로 남아 있지 않더라도 고향은 언제나 반갑게 맞아 손을 잡아 위로해 주었다.

더구나 오랜만에 찾아온 고향 바다는 궁금했던 안부를 수도 없이 나눴을 것이다. 커피 한잔 친구 삼는데 들려오는 귀한 사투리에 어찌 놀라지 않았겠나?

오지 않는 친구를 기다리며
멍하게 시선 던지는
사당역 12번 출구

수없이 오가는 사람들 사이
빨강 주황 코스모스
가을을 노래한다

늘 이맘때면
가냘픈 몸매로
남정네들 마음 아리게 하더니
너로 인해
얼마나 많은 이들 애타는 마음 될까?

앞만 보지 말고
옆도 보고 뒤도 보며
인생을 즐기라 하네

그 속에 나도 살포시 스며들고 싶다

—「코스모스」 전문

관찰의 대상으로 눈에 들어온 코스모스는 그렇지 않은 것과는 많은 차이가 있다. 그동안 그곳을 지나쳤을 터인데 오늘에야 비로소 관심을 갖고 볼 수 있었다. 그것은 오지 않는 친구 덕분에 시선을 던진 것 때문이다. 응시를 하다가 코스모스가 아닌 가냘픈 몸매의 여인으로 비유되어 접근한다.

앞도 뒤도 옆도 보고 인생을 즐기라고 충고까지 한다. 생전 처음 보는 자신도 은근히 그 대상이 되길 바라고 있다. 사물이나 사건에 대한 시선은 시상을 이끌어내 풀어 나갈 수 있는 첫머리가 된다. 대화가 시작되면 잠시나마 충분하게 소통이 될 만큼 마음을 주어야 한다. 결국 상대와 화자가 어색함이 없어야 한다.

사물이라 하더라도 이 시에서는 코스모스이기에 가능했다. 바람에 하늘하늘 흔들리는 모습에서 '가냘픈 여인이 남자들의 마음을 아리게 하고 얼마나 애를 태우게 하였을까?'를 연상한다. 감정이 강하고 잘 제어해서 대체로 감정 위주였던 남자는 가을에 날이 식어버리면 본능적으로 감정발산을 자제하여 감성적인 편이다.

나지막한 숨소리 모여
동장군 갑옷 벗겨내니
춘심에 녹은 뒷동산

한파 이겨낸 친구들 반가워
몽글몽글 갓 피어난 개나리

노란 꽃잎 여기저기 활짝
연지곤지 단장하기 바쁘고

겨울잠 덜 깬 목련도
단짝 친구 진달래도

자지 않은 척
몽우리 피우고
붉은 열정으로 화답한다

—「개나리」 전문

땅속에서나 나뭇가지에서 새싹을 움트려는 숨소리 모여 동장군 갑옷을 벗겨내고 뒷동산을 녹였다. 꽃 피는 시기는 다소 차이가 있지만 한파를 이겨내고 꽃을 피워냈다. 그중에 노란빛을 띠고 우리 곁에 가까이 다가온 개나리 반가워 목련도 진달래도 붉게 피었다.

봄을 알리려다 서둘러 이파리도 없이 꽃을 피우고 꽃잎이 진 다음에 연녹색 이파리를 피우는 봄꽃들의 공통점이다. 꽃을 피우기 위하여 온갖 정성을 다하는 다른 꽃들이 필 때까지 꽃도 없이 이파리만 흔들다가 가을이 되면 다시 단풍으로 꽃처럼 울긋불긋 물드는 것을 자랑스럽게 여긴다.

아마도 다른 꽃들이 꽃을 피우려 애쓰는 동안 하는 일 없이 시간만 보내는 것을 후회하고, 다음 봄에는 제대로 이파리를 피우고 꽃을 피우겠다고 다짐했는지 모른다. 그러나 봄만 되면 여전히 서두르다가 실수를 바로잡지 못한다. 봄의 전령사로써의 역할이 그만큼 소중한 건지도 모른다.

자연인을 동경하다
퇴직 핑계 입산하니

깊은 산속
온화한 부처님 미소 아래
산사(山寺) 속 산새들이 노래하며 반겨주네

희로애락(喜怒哀樂) 고리 속에
이리저리 엉킨 인생

가부좌 틀고 앉아
삶의 번뇌 성찰(省察)하니
삶의 찌꺼기 씻어내고
새로운 영혼 꿈꿔 본다

이것도 내 마음 저것도 내 마음인데
'스치면 인연이요 스며들면 사랑이라'

산사(山寺)에서 만난 세상과
귀경길 세상은 같은 걸까 다른 걸까

—「템플 스테이」 전문

규칙 속에 매인 직장 생활을 벗어나 꿈꾸던 자유인의 첫발로 산새들이 반겨주는 깊은 산속 산사 온화한 부처님 미소 아래 삶의 번뇌를 성찰하여 삶의 찌꺼기를 씻어내고 새로운 영혼을 꿈꿔본다. 하지만 산사의 세상과 귀경길의 세상은 달랐다. 불가와 속세의 차이일까?

하는 일이 마음대로 잘 안될 때 흔히 머리 깎고 절로 들어가야겠다지만 절이 어쩌면 더 규율이 견디기 어려운 것처럼 남이 하는 것보다 내가 하고 있는 일이 훨씬 어렵고 불편하게 여기는 것이다. 어쩌면 마음을 다스릴 줄 알게 되는 템플스테이로 얻는 자유일지 모른다.

어떤 일이든 하고 싶지 않은 일은 내 마음이 받아들이지 않는다. 그만큼 거부 반응이 생기면서 힘들다. 그러나 하고 싶은 것들은 가벼운 마음으로 훨씬 쉽게 할 수 있다. 그러므로 입산 때와 귀경 때 만나는 세상은 달라도 엄청나게 많이 다른 것이다.

3. 나가는 글

시를 쓰는 일은 비유와 상상력을 동원하는 작업이기에 정신적으로 몰두해야 하는 집중력을 필요로 할 뿐만 아니라 많은 에너지를 필요로 하고, 아무도 함께할 수 없는 긴 시간 동안을 혼자 견딜 수 있는 인내와 체력을 지녀야 한다. 시는 산문과 달라 설명이나 어떤 가르침을 요구하지 않고 이미지를 만들고 그로 인해 독자들로 하여금 새로운 정신세계를 열어주어야 하는 사명감을 지녀야 한다.

이경환 시인의 시를 읽다 보면 일상에서 마주하는 사물이나 사건을 예사로 보지 않고 관찰을 생활화하여 예민한 감각으로 상상력을 동원하고 비유 대상을 의인화하여 충분한 대화를 나눈다. 또한 잡다한 수식어를 피하여 간결하게 함축된 시어를 선택하여 화자가 말하고자 하는 이미지를 선택한 사물이 독자들에게 대신 전달하는 기법을 시로 승화시켜 표현하고 있다.

시집의 제목을『스치면 인연이요 스며들면 사랑이라…』로 정하고 모두 4부로「고향 그리고 가족!」,「내 품속 보물들!」,「우야모 좋노!」,「자연, 그 아름다움이여!」로 나누고 있다. 모든 시들은 첫 연에서부터 한 행씩 읽어 내려가면서 숨겨진 주제가 조금씩 가슴에 스며들어 독자들에게 이해시키고 공감대를 형성하여 이미지를 선명하게 하고 있다. 폭넓은 시야와 깊은 사고력을 담은 시편들을 다양한 주제로 마치 스무고개를 풀어나가는 듯 읽는 사람들 나름대로 상상의 공간을 남겨두고 있어 독자들은 여유를 가지고 자유롭게 감상할 수 있을 것이다.

이경환 시인의 시집이 산업사회의 발달로 메말라 가는 국민 정서에 단비를 내려주고 독자들로부터 많은 사랑을 받는 책이 되기를 바라며, 앞으로 열정을 다하여 펼쳐질 이 시인의 시세계를 주목하고자 한다.

문학세계대표작가선 1072

스치면 인연이요 스며들면 사랑이라…

이경환 시집

인쇄 1판 1쇄　2026년 2월　1일
발행 1판 1쇄　2026년 2월 10일

지 은 이 : 이경환
펴 낸 이 : 김천우
펴 낸 곳 : **문학세계** 출판부 / 도서출판 **천우**
등　　록 : 1992. 2. 15. 제1-1307호
주　　소 : 서울시 광진구 구의강변로 85 강우빌딩 7F
전　　화 : 02)2298-7661
팩　　스 : 02)2298-7665
http://cafe.naver.com/chunwu777
E-mail : cw7661@naver.com

값 18,000원

ISBN 978-89-7954-978-2